예수님과 함께 떠나는 복음 소풍

당신의 소중하고 풍성한 인생을 응원합니다.
소풍인생에 대해서 들어 보셨습니까?

One to one Picnic class 3

일대일 소풍길
클래스 3

당신의 소중한 인생을 응원합니다.

성경 요한복음 3장 16절은
'하나님이 세상(당신)을 무척 사랑하셔서 하나밖에 없는 외아
들마저 보내 주셨으니 누구든지 그를 믿기만 하면 멸망하지
않고 영원한 생명을 얻는다'라고 말씀합니다.

하나님은 '당신을 사랑'하십니다.

하나님은 사랑하는 당신을 위해서 인생 선물을 준비하셨습니다.
그 선물은 무엇일까요?

하나님은 당신에게 무엇이든지 할 수 있는 가능성을 주셨습니다.

성경 빌립보서 4장 13절은
'나에게 능력 주시는 분 안에서 나는 모든 것을 할 수 있습니다'라고 말씀합니다.

세상과 사람을 창조하신 하나님은 당신에게 '가능성이라는 선물'을 주셨습니다.
하나님이 주신 가능성은 당신이 기대하는 일을 실제로 이룰 수 있는 창조의 능력을 의미합니다.

하나님은 당신의 가능성이 풍성한 열매를 맺도록
예수 그리스도를 보내주셨습니다

**예수님은 당신이 생명을 얻고 풍성한 인생이 되도록
하나님의 통로가 되어주셨습니다.**

성경 요한복음 10장 10절은
'도둑이 오는 것은 양(당신)을 훔쳐다가 죽여 없애려는 것뿐이
다. 그러나 내가 온 것은 양들(당신)이 생명(영생)을 얻되 더욱
풍성히 얻도록 하기 위해서이다'라고 말씀합니다.

예수님이 주시는 풍성함은 '하나님의 사랑을 경험'하고, 언
젠가 이 세상을 떠날 때에 '하나님 나라(천국)에서 영원한
삶'을 누리는 것입니다.
그러나 '도둑'(마귀, 사탄)은 예수님이 주시는 생명을 얻지
못하도록 하나님을 '의심'하고 그분의 말씀을 '거부'하게 했
습니다.
이것이 '성경이 말하는 죄의 정의'입니다.
죄는 하나님이 사람에게 주신 가능성이라는 선물을 부패
하게 했습니다.

그 결과 하나님과 사람 사이에 틈이 생겨 갈라졌습니다.

하나님은 당신과 내가 풍성한 인생을
살기를 원하셔서 예수님을 보내주셨습니다.
예수님은 우리의 크고 작은 모든 죄를 대신해서
십자가에 못 박혀 죽었고,
3일 만에 다시 살아났습니다.
마침내 하나님과 우리 사이에
갈라진 틈을 이어주는 다리가 되었습니다.

당신은 예수님을 구원자로 믿고 영원한 생명을 얻게 됩니다.

성경 요한복음 1장 12절은
'그러나 그분은 자기를 영접하고 믿는 사람들에게는 하나님의 자녀가 되는 특권을 주셨다'라고 말씀합니다.

우리는 예수님을 '나의 구원자'로 믿고 하나님의 자녀가 되어, 하나님이 주시는 영원한 천국을 소유하게 됩니다.

영원한 생명의 선물을 얻는 방법은
우리 각자가 예수님을 내 인생의 구원자로 초대하는 것입니다.

사람은 각자가 예수님을 내 인생의 구원자로 초대하여 소통하게 됩니다.

예수님은 성경 요한계시록 3장 20절에서
'보라, 내가 밖에 서서 문을 두드리고 있다. 누구든지 내 음성을 듣고 문을 열면 내가 그에게 들어가서 그와 함께 먹고 그는 나와 함께 먹을 것이다'라고 말씀합니다.

예수님을 구원자로 받아들인다는 것은!
내 인생의 크고 작은 모든 일을 예수님에게 맡기고 함께 살아가는 것입니다. 그러면 하나님이 나에게 주시려고 계획한 풍성하고 소중한 인생의 목적을 알게 됩니다.

예수님과 동행하는 인생은
그분이 주시는 풍성한 삶을 누리는 것을 의미합니다.
예수님을 마음에 초청한 당신은 예수님과 알콩달콩 소통하게 됩니다.

예수님과 소통하고 싶습니까?

예수님이 내 인생에 들어오시도록 '기대하는 마음'으로 기도하십시오. 다음의 내용을 함께 읽으며 기도해보겠습니다.
입으로 소리 내어 읽거나 조용히 마음으로 읽어도 됩니다.

'예수님, 나는 구원자 예수님을 알기 원합니다.
지금 내 마음의 문을 열고 예수님을 내 인생의 구원자와 안내자로 받아들이고 싶습니다. 내 인생에 들어오셔서 소통해 주십시오. 예수님이 주시는 영원한 생명의 구원을 선물로 받고 싶습니다. 하나님의 자녀가 되어 소중하고 풍성한 인생을 살도록 안내해 주십시오.
예수님의 이름으로 기도합니다. 아멘'

이 기도의 내용을 조용한 곳에서 다시 읽으면서 기도해도 됩니다.

당신은 다른 그리스도인들과 소통할 수 있습니다.

당신은 그리스도인들이 모이는 교회(공동체)에서 서로 응원할 수 있습니다.

이제 하나님이 주신 소중하고 풍성한 인생을 살기로 결심하셨습니다.
그리스도인들이 모이는 건강한 교회와 공동체에서 교제하십시오.
소중하고 풍성한 인생의 가능성을 격려 받고 이루어 갈 수 있습니다.

모닥불에 여러 나무토막을 넣으면 따스한 불이 오랫동안
유지되듯이, 당신과 다른 그리스도인들의 관계도 이와 같
습니다.
당신은 다른 그리스도인들과 믿음을 소통하고 응원하는
모임(교회, 공동체, 소그룹, 성경공부, 봉사활동 등)에 참여하여
'건강한 가족'으로 성장하고 성숙할 수 있습니다.

당신이 원하시면...

우리 동네의 건강한 교회와
그리스도인 모임에 참여할 수 있습니다

우리 주위에 있는 건강한 그리스도인 모임을 소개합니다.

그리스도인 교수, 선생, 학생, 직장동료들이 활동하는
모임과 동네교회 예배에 참여할 수 있습니다.

자, 이제 예수님과 함께 소중하고 풍성한 인생을 살아가
보시면 어떠실까요!

당신의 인생을 힘껏 응원하고 축복합니다.
경청해주셔서 고맙습니다.

우리 동네 교회와 그리스도인 모임을 소개합니다

....

....

....

....

....

오늘 알게 된 내용 이외에 정보가 더 필요하시면...

p.s. 하나님의 사랑과 계획이 담긴 성경을 더 배우기 원하십니까!

기독교인은 하나님이 기록한 성경말씀으로 성장 성숙하고 인생의 길을 발견해 갑니다. '영성길클래스 9주' 교재를 사용하시면 인생, 교회, 하나님, 사람, 예수님, 성령님, 구원, 영적전쟁, 예수님의 재림과 종말의 주제를 바르게 배울 수 있습니다.

교재는 시중 온라인 서점에서 구입할 수 있습니다(영성길클래스9주, 박정우 지음, 우리시대).

궁금하신 내용이 있거나 개인적인 도움이 필요하다면
아래의 연락처로 연락 주시면 안내받을 수 있습니다.

● 이메일:

● 연락처:

당신의 소중하고 풍성한 인생을 응원합니다.
소풍인생에 대해서 들어 보셨습니까?

당신의 소중한 인생을 응원합니다.
하나님은 '당신을 사랑'하십니다(요3:16).
하나님은 사랑하는 당신을 위해서 인생 선물을
준비하셨습니다.
그 선물은?

하나님은 당신에게 무엇이든지 할 수 있는 가능성을
주셨습니다.
하나님은 당신의 가능성이 풍성한 열매를 맺도록 예수
그리스도를 보내주셨습니다(빌4:13).

예수님은 당신이 생명을 얻고 풍성한 인생이 되도록
하나님의 통로가 되어주셨습니다.
하나님은 당신과 내가 풍성한 인생을 살기를 원하셔서
예수님을 보내주셨습니다(요10:10).

예수님은 우리의 크고 작은 모든 죄를 대신해서 십자가에 못 박혀 죽었고, 3일 만에 다시 살아났습니다.
마침내 하나님과 우리 사이에 갈라진 틈을 이어주는 다리가 되었습니다.

당신은 예수님을 구원자로 믿고 영원한 생명을 얻게 됩니다.
영원한 생명의 선물을 얻는 방법은 우리 각자가 예수님을 내 인생의 구원자로 초대하는 것입니다(요1:12).

사람은 각자가 예수님을 내 인생의 구원자로 초대하여 소통하게 됩니다.
예수님과 동행하는 인생은 그분이 주시는 풍성한 삶을 누리는 것을 의미합니다.
예수님을 마음에 초청한 당신은 예수님과 알콩달콩 소통하게 됩니다(계3:20).

예수님과 소통하고 싶습니까?
예수님이 내 인생에 들어오시도록 '기대하는 마음'으로 기도 하십시오.
다음의 기도내용을 입으로 소리 내어 읽거나 조용히 마음으로 함께 기도해 볼까요!

'예수님, 나는 구원자 예수님을 알기 원합니다.

지금 내 마음의 문을 열고 예수님을 내 인생의 구원자와
안내자로 받아들이고 싶습니다.

내 인생에 들어오셔서 소통해 주십시오.

예수님이 주시는 영원한 생명의 구원을 선물로 받고
싶습니다.

하나님의 자녀가 되어 소중하고 풍성한 인생을 살도록
안내해 주십시오.

예수님의 이름으로 기도합니다. 아멘'

당신은 그리스도인들이 모이는 교회(공동체)에서 함께
응원 할 수 있습니다.

당신이 원하시면…

당신이 살고 계신 동네의 건강한 교회와 그리스도인
모임에 참여할 수 있습니다.

원하시면 건강한 교회를 소개해 드리겠습니다.

당신의 인생을 힘껏 응원하고 축복합니다.

경청해주셔서 고맙습니다.

* memo

일대일 소풍길 클래스 3 전도지

초판 1쇄 발행   2023년 4월 21일 초판 1쇄 발행

지은이	박정우
펴낸이	신덕례
편집/교열교정	권혜영, 허우주
펴낸곳	우리시대
	경기도 고양시 덕양구 마상로 102번길 53
SNS	woorigeneration
Email	woorigeneration@gmail.com
디자인	토라디자인 (010-9492-3951)
ISBN	ISBN 979-11-85972-55-8 (10230)
가격	300원